CE QUE VEUT

LA

FRANCE

PAR

ALBERT DE CHANTELAUZE

PARIS : AMYOT, RUE DE LA PAIX

1851

CE QUE VEUT

LA

FRANCE

DE L'IMPRIMERIE DE CRAPELET

RUE DE VAUGIRARD, 9

CE QUE VEUT

LA

FRANCE

PAR

ALBERT DE CHANTELAUZE

PARIS : AMYOT, RUE DE LA PAIX

1851

CE QUE VEUT

LA

FRANCE.

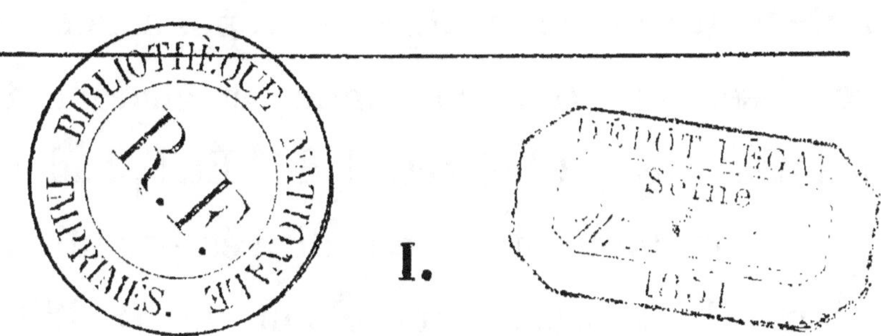

I.

On veut savoir ce que demande la France ;
hommes politiques et partis protestent de
toutes parts qu'ils ne cherchent qu'à connaître sa volonté, et que, quelle qu'elle soit,
après avoir respectueusement exposé leurs
vœux, ils s'inclineront devant elle. Il est aisé
de les satisfaire, s'ils sont de bonne foi, et je

vais l'essayer : rien de plus clair et de plus évident que cette volonté.

Premièrement, la France ne demande pas l'empire, car si elle le demandait, elle l'aurait. De toutes les combinaisons, l'empire est la plus facile. Le prince en faveur de qui on la réclame est là, à portée de la main, et parfaitement résigné, malgré ses répugnances, à se laisser ceindre la couronne, et charger du manteau royal. Chef actuel de l'État, l'administration tout entière est dirigée par lui, et pleine de ses serviteurs. Point de bataille à livrer, de gouvernement à détruire, de gouvernement même à reconstituer, de déplacement à opérer. Que la France veuille seulement déclarer ce qu'elle souhaite, dire tout haut ce qu'assure-t-on, elle pense tout bas, on quitte aussitôt l'Élysée qui est trop étroit, on transporte ses draps aux Tuileries, et tout est dit.

La France ne demande pas l'empire, et ne le demandera pas, nous venons d'en voir la preuve. Sur plus de douze cent mille pétitions en faveur de la révision, l'empire, malgré le zèle des préfets, n'en a pu obtenir que dix mille, bien que son candidat ait sous ses ordres plus de quatre cent mille agents ou fonctionnaires de tout genre, et sur quatre-vingts conseils généraux révisionnistes six seulement lui ont été favorables. Le bonapartisme qui n'a jamais été un parti, car un parti suppose un ensemble de principes, et derrière ces principes des convictions nombreuses, et des intérêts considérables, toutes choses qu'il n'a jamais eues, mais qui a été un moment une sympathie irréfléchie, un enthousiasme aveugle, n'est plus aujourd'hui qu'un nom usé, et une ambition impuissante.

La France ne demande pas les d'Orléans.

La plupart de leurs partisans sont allés à la légitimité, à la république, ou à l'empire ; et quarante représentants sur sept cent cinquante, et cinq journaux, deux en province, trois à Paris, voilà tout ce qui leur reste. L'orléanisme n'était pas un principe, ce n'était qu'un fait.... qui a passé, un contrat.... qui a été rompu.

La France ne demande pas la branche aînée. Sans doute à un moment donné son principe peut rallier tout les hommes d'ordre, mais ce n'est là qu'une éventualité. Sans contredit, sa position a complétement changé en 1848 ; elle a même gagné du terrain depuis, mais peut-on dire qu'il n'y ait plus de résistances, et que la majorité soit conquise ?

La France ne demande même pas la monarchie. Ce qui trompe sur ce point, c'est que la monarchie trouve des sympathies prononcées dans les classes supérieures, dans celles qui ont la fortune, les lumières, l'influence, en un mot qui occupent la scène. Mais les couches inférieures de la bourgeoisie, et les ouvriers des villes montrent plutôt du penchant pour la république. Mais les paysans qui ont voté contre la république au début, parce qu'elle avait augmenté leurs impôts, et fait baisser leurs denrées, ont paru changer en partie depuis, et n'éprouvent au fond pour la monarchie comme pour la république, et pour toutes les questions politiques qu'une complète indifférence. On ne peut pas affirmer qu'il y ait dans ce pays une majorité véritable pour la monarchie.

Et il y en aurait une que s'il n'y en avait point en même temps pour une monarchie particulière, pour telle ou telle dynastie, on ne serait pas plus avancé. Beaucoup d'orléanistes en effet préfèrent la république à la légitimité et à l'empire ; les légitimistes préfèrent la république à l'empire et à la régence, et bien des bonapartistes sont dans des dispositions analogues. Si donc on renversait la république pour donner à la France une royauté que la majorité de ses membres détesterait encore plus que la république, sincèrement serait-il possible de la déclarer satisfaite, et de compter sur son appui ?

La France demande encore moins la république. La république modérée n'a de partisans que dans la petite bourgeoisie. La république sociale a contre elle l'inimitié déclarée des hautes et moyennes classes, et n'a réellement pour elle qu'une fraction du peuple.

Je ne nierai point par exemple que chacune de ces minorités n'ait chance de devenir un instant majorité, et qu'en présence du socialisme qui avance, saisie d'une de ces paniques qui la troublent quelquefois, l'opinion ne se précipite éperdue sous le premier abri qui sera là pour la recevoir. Je vais plus loin, et ne conteste pas que dans la confusion et la terreur générales le socialisme lui-même ne voie peut-être arriver à lui un grand nombre de membres du parti modéré se ralliant à leurs ennemis pour les adoucir et les désarmer. Mais serait-ce un changement de conviction, ou un changement de nécessité; une majorité solide, ou une majorité passagère sur laquelle il serait impossible d'asseoir un gouvernement. Tout le monde sait que la France est disposée, suivant les circonstances, à accepter tous les partis, que depuis soixante ans, elle a successivement penché pour tous, suivant les accidents de la politique, et c'est une preuve de plus que sur les points que nous venons d'indiquer une majorité n'existe pas.

Mais elle existe, elle est réelle et incontesta-
ble sur d'autres, et premièrement en faveur
de l'ordre : la victoire de juin et l'élan des
gardes nationales à cette époque, l'élection
du 10 décembre, celle des assemblées consti-
tuantes et législatives, tout le système du gouvernement, et toutes les manifestations de
l'opinion publique depuis trois ans le prouvent
surabondamment. Ces dispositions subsiste-
ront-elles? Nul ne le sait, mais en tout cas
elles ont subsisté jusqu'ici.

Quant à l'avenir, voici ce qu'on peut pré-
sumer. Le socialisme est encore à une si grande
distance de la majorité qu'il est peu probable,
en présence de l'opposition énergique du gouvernement et des classes éclairées, qu'il par-
vienne d'ici au mois de mai à corrompre la
masse entière du peuple. Et s'il n'y parvient
pas, le parti modéré aura devant lui quatre
ans, et quatre ans avec la mobilité française,

avec la mobilité plus grande encore des classes inférieures, avec le découragement que ne manquera pas de faire naître l'impuissance prolongée des socialistes, avec le travail que la perspective d'un nouvel avenir fera renaître, avec les améliorations sérieuses et étendues que le parti de l'ordre aura le loisir de donner, c'est assez pour changer, ou pour arrêter du moins le mouvement menaçant des esprits.

Il est d'ailleurs permis de croire que ce mouvement n'eût pas même existé, ou n'eût point été si menaçant, et que le socialisme n'eût fait aucun progrès parmi les cultivateurs et les ouvriers honnêtes, c'est-à-dire en définitive dans le gros de la nation, sans l'influence de deux causes particulières : la détresse de l'agriculture et de l'industrie, et la conduite du parti modéré. Le bon sens naturel des paysans, leur amour naturel du repos, leur ignorance et leur indifférence en matière politique, leur défiance enracinée des nouveautés n'ont cédé qu'à l'exaspération de la souffrance. Et d'autre part les ouvriers, le plus grand nombre du moins, quoique plus turbulents et plus impressionnables que les habitants des campagnes, ne fussent point allés jusqu'au partage des terres, jusqu'à la spoliation des riches, jusqu'aux programmes nébuleux et impraticables des chefs socialistes, *si, pour satisfaire leur besoin légitime d'améliorations, pour alléger des souffrances réelles et profondes, on leur eût présenté un plan de réformes étendues et positives qui eût fixé leur imagination et l'eût empêchée de s'égarer dans les chimères.* La majorité des ouvriers ne veut pas le désordre. Dans les clubs, les rassemblements des premiers temps de la république où ils exposaient publiquement leurs vœux, à part quelques énergumènes, la masse parlait avec modération, et ne réclamait qu'un

travail moins incertain, et un salaire moins
réduit. Ainsi, de toute manière, il est sûr
qu'il existe en France une majorité pour l'ordre, et qu'il ne s'agit que de savoir la con-
server et s'en servir.

De ces dernières observations il résulte
qu'il en existe une en même temps pour les
réformes économiques, pour l'amélioration
progressive et raisonnable du sort populaire.
Nous venons de voir quels étaient les vœux
réels des classes inférieures ; nous savons d'un
autre côté que les classes supérieures accepte-
raient avec empressement toute amélioration
qui n'ébranlerait pas la propriété, et qui ne
ruinerait pas l'État. Il existe donc, je le
répète, une majorité sur cet autre point, et
si elle n'existe qu'à l'état latent, si elle n'est
pas apparente, si ses membres paraissent
suivre des voies opposées, c'est parce que les
classes supérieures s'imaginent que le peuple

veut les dépouiller, et que le peuple s'imagine que les classes supérieures veulent lui refuser toute réforme, et le maintenir dans la misère ; ce n'est qu'un malentendu qui cessera.

Y a-t-il aussi une majorité pour la liberté ? Oui, mais elle est moins nombreuse et moins résolue. Tout le monde veut l'égalité civile, tout le monde veut l'égalité politique, l'admissibilité de tous les citoyens à tous les emplois, et que tous supportent leur part des charges ; tout le monde veut, ou à peu près, la liberté de conscience, toutes choses qui tiennent à la liberté politique. Mais la liberté politique elle-même, le gouvernement représentatif, la tribune et la presse, les révolutions, pourquoi ne pas le dire ? en ont inspiré à beaucoup l'aversion et la défiance. Si j'affirme qu'il y a une majorité pour la liberté, c'est parce que cette défiance est plutôt une disposition qu'une résolution, qu'elle est réelle dans l'armée même des partis, mais n'existe pas dans les chefs qui, en général, se prononcent pour le gouvernement représentatif, et qu'elle n'est pas assez prononcée, assez décidée dans les premiers, pour résister aux exemples et aux exhortations de ces chefs ; qu'à côté de cette masse d'esprits qui ne désire pas la liberté, mais qui l'accepterait, il est un parti considérable qui ne se résignerait jamais à la perdre, et qu'avec la docilité des uns, et les convictions des autres, il y a de quoi former une majorité.

En résumé, point de majorité pour les dynasties, pour les formes mêmes du gouvernement, sur les questions politiques ; mais majorité réelle et forte en faveur de l'ordre ; majorité latente, mais réelle aussi en faveur des améliorations économiques ; majorité future infaillible, quoique plus faible et moins convaincue en faveur de la liberté politique. L'ordre, la liberté, le bien-être sous quelque gouvernement que ce soit, voilà pour le moment tout ce que demande la France.

II.

De ces deux faits il y a plusieurs consé-
quences à tirer.

Première conséquence. Dès lors qu'il n'y a
point de majorité pour les formes de gouvernement, pour les dynasties, renverser le gouvernement actuel pour en créer un autre serait
entreprendre une œuvre sans base suffisante,
et sans garantie de durée. Comment veut-on
que la monarchie dure en présence d'une majorité indifférente et flottante qui, à chaque
instant, pourra devenir hostile, avec une minorité pour unique appui, et une autre mino-

rité pour ennemie, la minorité républicaine dix fois plus énergique et plus redoutable que la minorité royaliste, et qui se grossira à chaque instant des mécontents qu'un gouvernement ne manque jamais de faire?

Qu'espère-t-on? Que les républicains qui ont constamment existé dès l'origine de la révolution, qui existent à l'heure qu'il est dans tous les États de l'Europe, que leur triomphe de Février a exaltés et fortifiés encore, se convertiront subitement, éblouis, terrassés par la lumineuse apparition de la monarchie? Sans doute, à la longue, on pourra éclaircir leurs rangs ; une monarchie qui durerait quarante ou cinquante ans probablement verrait leur fin ; mais durer, précisément là est la difficulté. Nous tournons dans un cercle vicieux : la durée de la monarchie est nécessaire pour détruire le parti républicain, et la destruction du parti républicain paraît de

son côté fort utile pour faire durer la monarchie. A moins qu'on ne croie par hasard que
si la monarchie ne peut pas détruire le parti
républicain, elle pourra du moins le réduire
à l'impuissance. Tel a été aussi l'espoir des
gouvernements précédents ; ont-ils réussi ? ou
a-t-on quelque certitude d'être plus heureux
et plus habile qu'eux ? La situation est-elle
meilleure ?

C'est alors la majorité flottante qu'on espère convertir et fixer ? Mais pourquoi la majorité est-elle flottante ? Elle ne l'a pas toujours
été ; sous l'ancien régime la majorité voulait
certainement la monarchie : pourquoi donc
a-t-elle changé ? Parce que les vicissitudes de
la politique, la destruction successive de toutes
les dynasties, de toutes les formes de gouvernement lui ont prouvé que les unes et les autres
étaient également éphémères et également possibles. C'est la chute de tous les systèmes qui a

ébranlé sa foi, ce sont les fluctuations des événements qui l'ont rendue flottante. Elle ne se fixera que quand une forme de gouvernement aura duré assez longtemps pour démontrer sa force, pour décourager ses ennemis, pour enraciner peu à peu dans les esprits l'idée de sa nécessité et de sa justice, en un mot pour former des traditions nouvelles. Pour que la monarchie dure, il faut que la majorité devienne résolûment monarchique, et pour que la majorité devienne résolûment monarchique, il faut que la monarchie dure : encore un cercle vicieux !

Pourtant je comprendrais qu'on essayât de créer, d'organiser un nouveau gouvernement avec une minorité, si on avait, pour bâtir, les fortes assises, le roc solide des croyances et des mœurs, d'une législation et d'une administration régulières et saines, parce qu'alors la force des fondements compenserait l'insuffisance de la force de construction, parce que les habitudes, les penchants, la logique des choses combattraient pour cette minorité, et qu'avec ces secours une minorité résolue entraîne aisément une majorité flottante. Mais justement c'est le contraire que nous voyons, et la société est à peine plus assurée que ses gouvernements. Soixante ans de discordes n'ont rien laissé d'intact : la religion a perdu son empire, le patriotisme est altéré, le pouvoir n'est plus qu'une force matérielle qu'on craint encore, mais qu'on ne respecte plus, la liberté n'est qu'une ambition ou une chimère, les traditions anciennes sont éteintes, et les nouvelles ne sont pas nées, les opinions ne sont que des intérêts ou des passions, les caractères devenus à la fois faibles et indisciplinés se trouvent également incapables de supporter l'ordre et la liberté, et ne sont bons qu'à subir tour à tour l'anarchie et la servitude ; la propriété même et la morale, les fondements de l'édifice, sont atteints, et la main qui essaye de les raffermir les sent trembler sous elle.

Ainsi, ni majorité! ni traditions! ni l'appui des croyances! ni celui des hommes! Les forces mêmes, à l'aide desquelles seules on peut édifier, dissoutes et à reformer! Et cela n'effraye pas; et l'on n'en veut pas moins tout entreprendre à la fois, afin d'échouer en tout, compliquer les questions sociales qui réunissent les esprits, des questions politiques qui les divisent, afin de compromettre les unes sans faire avancer les autres, tout tenter sans aucun moyen de succès, et l'on espère, que dis-je? on se croit assuré de réussir! Mais en vérité! y a-t-on bien réfléchi?

Nous avons un gouvernement créé par une minorité, nous aurions un autre gouvernement

créé par une autre minorité; qu'y gagnerions-
nous? Minorité pour minorité, instabilité pour
instabilité, autant vaut la minorité présente,
l'instabilité du moment, qu'une minorité et
une instabilité nouvelles, avec toutes les chan-
ces de déchirements et de catastrophes qu'ajou-
terait le changement même. Une révolution
inutile n'est qu'un mal gratuit et sans com-
pensation. Ce n'est pas d'une crise de plus
que nous avons besoin, mais de la fin de toutes
les crises. Changer pour changer et non pour
asseoir la société, c'est changer pour l'agiter
et pour l'ébranler davantage; c'est ôter aux
intérêts quelques jours de repos que le hasard
des révolutions leur donne le lendemain de
l'orage, c'est fortifier le désir et l'habitude des
innovations qui sont déjà notre mal; c'est ou-
vrir la porte à de nouvelles passions et par
conséquent à de nouveaux incidents dont on
ne peut prévoir le terme. Un changement ne
serait bon qu'à condition d'être définitif; il

ne serait définitif qu'à condition d'avoir pour appui une majorité capable d'écraser les factions ennemies, et, comme dans l'état des choses, cette majorité n'existe pas, il faut attendre qu'elle se forme, et remettre les mutations politiques au moment où elle sera formée.

III.

En attendant, puisqu'il y a une majorité pour l'ordre, pour la liberté, pour les améliorations économiques, on doit s'en servir pour se procurer ces trois choses : deuxième conséquence. Dès qu'on a la majorité en effet, on a la force, et l'on peut agir. Non-seulement la force matérielle qui gît dans le nombre, mais la force morale, la majorité représentant la nation, et étant un principe dans tout pays libre. Et indépendamment de la puissance que l'ordre, la liberté, les améliorations économiques peuvent tirer de la majorité qui les votera, il y a celle qu'ils tirent de leur propre fond, et cette autorité naturelle de la raison et de la justice même sur ceux qui les combattent : trois forces pour une.

Dira-t-on que l'ordre, la liberté, le bien-être sont impossibles sous certaines formes de gouvernement ; que l'ordre, par exemple, est incompatible avec la république, que le bien-être des masses suppose une foule de mesures qui toutes demandent du temps, de l'argent, de la réflexion, de la sécurité, toutes choses qu'on ne peut avoir sous la république?

A cela je réponds que pour le maintien immédiat de l'ordre matériel, pour empêcher la destruction présente de la société, l'armée et la police ont suffi jusqu'à présent, et suffisent ; que pour empêcher la société non-seulement d'être détruite, mais d'être perpétuellement attaquée et troublée, ce qui la détruirait à la

longue, pour lui assurer non-seulement l'exis·
tence, mais sa sécurité, il ne s'agit que de com-
primer ou d'extirper, les uns après les autres,
tous les éléments d'agitation qu'elle renferme ;
et que puisqu'on l'a déjà fait pour plusieurs,
pour les clubs, les instituteurs, les journaux,
les cafés, les colporteurs et l'insurrection elle-
même par la loi sur l'état de siége, il est clair
qu'on peut également atteindre les autres ; que
cette tâche de la consolidation et de l'épura-
tion matérielles de la société n'a en ce moment
rien d'impossible ; qu'il ne faut pour l'accom-
plir qu'une majorité législative conservatrice
qui vote les mesures nécessaires, et un gouvernement conservateur qui les exécute ; et
que précisément on a les deux choses.

Prétend-on remonter plus haut et atteindre
non-seulement les moyens, les instruments du
désordre, mais ses causes même, c'est-à-dire
les habitudes et les doctrines qui l'ont produit?

Eh bien ! l'ordre moral consiste en quatre choses : les croyances, les mœurs, le respect des lois et la tranquillité des esprits, qui n'est, du reste, que la conséquence des trois premières ; car, lorsque la société est croyante, morale et soumise aux lois, elle est calme. Les croyances et les mœurs sont par elles-mêmes compatibles avec toute forme de gouvernement et nécessaires à toutes, compatibles avec tout état politique même le plus troublé. On voit, dans l'histoire, des peuples turbulents et des temps de sédition pleins de religion et de mœurs, et, au contraire, des sociétés tranquilles, et dont la tranquillité ne paraît pas devoir être troublée de sitôt, où les croyances et les mœurs sont profondément altérées. Quand il y a influence visible et immédiate d'une sphère à l'autre, ce qui n'arrive pas toujours, il y a influence de l'ordre moral sur l'ordre politique, plutôt que de l'ordre politique sur l'ordre moral, parce que le premier est cause, et

le second effet ; et si on raffermissait en France
l'ordre moral, l'ordre politique deviendrait
certainement plus solide, tandis que le raffer-
missement de la société politique ne raffermi-
rait point les mœurs et les croyances, qui,
précisément, ont été ébranlées du temps que
la société politique était intacte.

L'indépendance, d'ailleurs, la supériorité
et la nécessité absolue de la religion et de la
morale sont aujourd'hui généralement senties,
même par ceux qui ne sont ni moraux, ni
religieux. Les révolutions, au milieu desquelles nous vivons, ont appris aux plus
aveugles que la force matérielle n'est qu'un
appui immédiat et éphémère, et que la religion et la morale ont seules la puissance de
fixer et de régler les esprits. Loin donc qu'il
soit plus difficile sous la république de déve-
lopper et de défendre ces deux grands intérêts, la chose est plus possible et plus aisée, au

contraire, que sous les trois monarchies de juillet, de la restauration et de l'empire, comme la dernière loi sur l'enseignement, dont aucun de ces trois régimes n'eût voulu, l'a surabondamment démontré.

Quant au respect des lois et de l'autorité, il serait certainement fortifié, mais il ne reparaîtrait pas complétement pour cela. La restauration même de la monarchie venant à la suite de celle des mœurs et des croyances n'y suffirait pas. Ce respect ne sera pleinement rétabli qu'à la longue, quand un gouvernement aura vécu assez longtemps pour paraître à l'abri des orages ; l'homme ne respecte que ce qui dure. Il en est de même de la tranquillité des esprits qui, également accrue, sera également incomplète. Mais s'il fallait attendre que le calme fût définitivement revenu, et le respect des lois complétement rétabli pour organiser, pour épurer, pour améliorer, il faudrait tout remettre, tout ajourner, finances, diplomatie, travaux publics, administration, morale, religion ; ne faire autre chose pendant trente ou quarante ans, que percevoir les impôts et arrêter les voleurs, et laisser l'édifice tomber pièce à pièce, sauf à le restaurer plus tard.... quand il serait à terre. Le devoir d'un homme politique n'est pas de faire tout le bien qu'il voudrait faire, mais de faire tout celui qu'il peut faire.

Beaucoup de choses sont possibles pour l'ordre, beaucoup sont possibles pour la liberté et beaucoup même sont déjà faites. Le suffrage universel existe déjà, la loi sur la garde nationale vient d'être terminée, la décentralisation est réclamée et reconnue praticable, la liberté de la presse est proclamée, le jury est constitué et dans ces cinq institutions la liberté est presque tout entière.

Parmi les améliorations économiques, les lois sur l'assistance judiciaire, sur les caisses de secours, sur les logements insalubres, sur l'organisation des prud'hommes, sur les contrats entre maîtres et ouvriers ont été votées. Puisque rien n'a empêché de voter ces lois, on ne voit pas ce qui empêcherait de voter davantage toutes celles qui seront présentées et qui paraîtront raisonnables.

Après cela je sais ce qu'on va dire : la confection de ces lois n'est pas définitive, l'organisation de plusieurs est fort défectueuse. Mais qu'importe, si le principe est bon et durable. Il y a toujours des obscurités et des erreurs dans les commencements, et l'expérience arrive plus tard pour rectifier et pour éclairer. En attendant le principe est posé, il fait partie de la législation, on s'accoutume à lui, il entre dans les mœurs, il prend racine, c'est déjà quelque chose, c'est même tout.

On élève une dernière objection : l'état d'incertitude et d'anxiété où nous vivons, empêchera cet effet moral, laissera en question le principe même, et il faut attendre pour fonder quoi que ce soit, des temps plus réguliers et plus calmes. Mais alors pourquoi toutes ces lois votées, pourquoi celles qu'on présente encore, pourquoi celles qu'on projette, pourquoi la loi sur l'enseignement, les lois économiques énumérées, pourquoi le projet sur la liberté municipale, sur le dimanche, sur tant d'autres points essentiels ! Et s'il est possible d'en faire, pourquoi le nier, et n'en pas faire ; pourquoi se réduire à l'impuissance en face de tant de périls qui pressent d'agir ; pourquoi détruire par cet aveu l'effet de tout le bien accompli, et en accroître l'abattement des âmes, et la terreur générale ? Est-ce que la révolution nous empêche de sentir la nécessité de l'ordre, puisque c'est elle au contraire qui nous la fait plus vivement sentir ?

Est-ce que la République nous empêche de sentir l'utilité de la liberté, puisque c'est elle qui précisément nous l'enseigne, en ne nous laissant d'autres instruments de salut que cette liberté, et nous-mêmes ? Est-ce que c'est le mouvement de Février qui empêche d'apprécier, de comprendre l'urgence, la nécessité absolue des améliorations économiques, puisque c'est lui au contraire qui nous les a fait toucher du doigt, et qui a changé en conviction générale ce qui n'était qu'une opinion isolée? J'ai beau chercher, je ne trouve nulle part l'impossibilité dont on parle ; elle n'est pas dans les pouvoirs officiels qui sont maîtres, qui ont la puissance de voter, de promulguer, et d'appliquer toutes les lois ; elle n'est pas dans les citoyens dont la majorité réclame ou accepte d'avance toutes les mesures d'ordre, de liberté, d'amélioration économique. Où est-elle donc ?

———

IV.

Cette politique exclusivement sociale ne contentera pas les partis. Mais les partis, malgré le bruit qu'ils font, qu'ils restent séparés, ou que même ils s'unissent, les partis ne sont pas la France. Il existe en dehors d'eux une masse flottante, qui par cela même qu'elle leur est étrangère, est étrangère en même temps à toutes leurs erreurs, à toutes leurs passions ; est fixée sur le but, quoiqu'elle ne le soit pas sur les moyens ; attachée aux principes quoiqu'elle soit indifférente aux formes et aux institutions, et n'estime celles-ci que suivant le bien ou le mal qui en découle sur elle.

Et pourtant ce sont les partis qui dominent, ce sont les minorités qui règnent, c'est la majorité qui est soumise et entraînée. La modération de ses opinions, son indifférence sur une foule de points, son défaut de cohésion font sa faiblesse ; tandis que leur union et leurs passions font leur force. Mais si ces passions les font vaincre, elles les empêchent de fonder ; ils ne parviennent point à gouverner la France, ils ne réussissent qu'à la troubler. Exagérant tous les principes, abusant de toutes les institutions, ils n'aboutissent qu'à compromettre les unes et les autres. Il serait donc absolument nécessaire qu'il y eût au dehors d'eux une force assez éclairée et assez impartiale pour faire le triage de leurs doctrines, prendre à chacun ce qu'il a de bien et répudier le mal, pour juger l'arbre par ses fruits, et les gouvernements par leurs résultats, pour imposer silence à toutes les ambitions, et à toutes les utopies. Cette force assez impartiale et assez puissante pour jouer le rôle de modérateur et d'arbitre, précisément elle existe ; c'est cette majorité que nous venons de dépeindre, et qui se présente à tout esprit sensé comme un admirable instrument de gouvernement dont il faut seulement vouloir et savoir se servir.

Seulement, pour rendre des services, cette majorité a besoin qu'on lui donne cette cohésion et cette énergie qui lui manquent. Elle ne connaît pas sa force, elle ne connaît pas ses membres qui vivent dispersés, sans lien entre eux, dans cet isolement moral qui produit l'irrésolution et la faiblesse, et n'ont ni chef, ni drapeau, ni organisation, ni programme. Mettre en rapport d'idées et d'efforts tous ses membres, réunir en un faisceau ces pensées semblables, leur fournir une expression commune, un mode commun de manifestation, changer en un mot cette majorité en un corps qui ait un chef, une marche, un but, et agisse avec ensemble; voilà ce qu'il y a à faire.

Le moyen est simple du reste. Il s'agit de présenter successivement toutes les lois nécessaires à l'ordre, à la liberté et au bien-être des masses; d'en présenter du moins un assez grand nombre pour constater nettement la majorité qui existe sur ces points. Cette majorité ne sera pas toujours exactement la même; l'appoint que les partis lui auront prêté pour telle loi, ils le lui retireront pour telle autre. Mais ceux qui auront persisté dans toutes les circonstances, auront précisément prouvé qu'ils sont indépendants de tous les partis, puisqu'ils sont successivement abandonnés de tous; qu'ils sont fidèles à tous les principes, puisqu'ils les défendent tous tour à tour; qu'ils forment la majorité, puisqu'ils ont obtenu toutes les lois qu'ils ont demandées. Ils auront appris à se connaître réciproquement, et à compter les uns sur les autres ; ils auront constaté leur existence, et leur puissance aux yeux de la France comme à leurs propres yeux, et un lien se sera formé entre eux par cette persévérance commune : ils créeront bientôt des organes, formuleront un programme, reconnaîtront des chefs, se montreront prêts à repousser toutes les passions, et constitueront enfin le véritable parti modéré.

Ce parti même aura d'autant plus de force, qu'il ne se composera pas seulement de cette masse flottante qui est la majorité en France, mais qu'il ne pourra manquer de rallier dans chaque parti même un grand nombre d'esprits qui ne suivent ce parti que pour telle idée qui leur est chère, et qui l'abandonneraient volontiers pour le reste, s'ils trouvaient ailleurs la réalisation du principe auquel ils sont attachés. Chaque parti a, comme la nation, sa masse flottante, laquelle n'adhère que faiblement à lui et par un ou deux points, et se laisse guider pour les autres, plutôt par nécessité et par habitude, que par penchant et par choix. Ainsi beaucoup d'ouvriers sont socialistes parce que le socialisme seul leur promet quelque chose, et que de l'autre côté on ne leur promet rien. Qu'on leur offre des améliorations plus légitimes et plus raisonnables que celles du socialisme, qui ne répugnent ni à leur bon sens, ni à leur probité, et qui en même temps satisfassent leurs besoins, ils se détacheront du socialisme. La plupart des républicains ne tiennent à la république qu'à cause du suffrage universel, et la plupart des royalistes abandonneraient la monarchie, si l'ordre était possible sans elle.

Par exemple, ce grand travail de l'organisation de la majorité ne sera opéré que par un

gouvernement ou par un homme considérable. Ce gouvernement ou cet homme devra
être resté étranger aux partis pour n'en pas
partager les passions et les préjugés; il devra
avoir rendu de grands services pour rester in-
dépendant sans être suspect; il faudra qu'on
en attende de lui de plus grands encore, le
salut même de la société, pour qu'il puisse
vaincre les obstacles, étouffer les murmures,
en un mot donner la loi au lieu de la recevoir. Eh bien! cet homme nécessaire, indé-
pendant, respecté, qui a rendu de grands
services, il existe : c'est le général Changar-
nier. Depuis longtemps déjà la France tourne
les yeux vers lui, tout porte à croire qu'elle
déposera le pouvoir dans ses mains, et le
mettra en état de la soustraire aux minorités
qui la déchirent, et de gouverner pour elle
seule.

———

V.

CONCLUSION.

Une fois la majorité modérée organisée et constituée en parti, une fois toutes les lois d'ordre, de liberté et de bien-être votées et appliquées par les mains de ce parti, la première tâche, la tâche sociale sera terminée et la tâche politique pourra commencer. Quand on aura fait pour la religion et les mœurs tout ce qu'on peut faire; quand l'éducation tout entière aura été améliorée; quand l'agriculture aura été développée de manière à produire davantage, et à retenir plus de bras, quand on aura purgé les grandes villes de l'écume qui les corrompt et les trouble, et qu'on l'aura empêchée de renaître, ce qui n'est pas impossible, et qu'on aura réussi à soulager les souffrances du peuple, et à augmenter son bien-être, ce qui n'est pas impossible non plus; quand enfin on aura mis à côté de la liberté politique la liberté municipale pour pacifier et éclairer la première;

Alors la nation ayant des croyances, des mœurs, des habitudes politiques, pourra essayer en toute sécurité de choisir la forme de son gouvernement, et cette question ne sera pas compliquée de questions plus importantes qui rendent le problème effrayant et presque insoluble.

Alors la forme de gouvernement qu'on choisira aura des assises fortes et solides sur lesquelles elle pourra s'élever sans crainte et qui la soutiendront.

Alors l'organisation religieuse, morale, civile, économique, municipale de la société, c'est-à-dire de tous ses principes et de tous ses éléments essentiels, lui donnera une impulsion, une direction qui la mènera naturellement à telle forme de gouvernement plutôt qu'à telle autre, en sorte qu'elle n'aura pas même l'embarras du choix, et que la force des choses décidera toute seule.

Alors l'expérience aura eu le temps de prononcer définitivement et d'éclairer les esprits.

Alors une majorité qui se sera formée sur les questions sociales et consolidée par tant de mesures et tant de lois, restera comme une force de gouvernement toute préparée pour

la première constitution qui s'établira, et prête
à lui servir de rempart et de garantie.

Alors cette majorité qui aura l'expérience
et l'impartialité, décidera avec calme, matu-
rité, énergie, et on parviendra enfin, après
soixante ans et plus d'efforts et de labeurs,
à connaître une chose nouvelle en France :
FONDER.

www.ingramcontent.com/pod-product-compliance
Lightning Source LLC
Chambersburg PA
CBHW061628060726
47597CB00005B/1850